EDITORIAL MUNDO LATINO
www.emundol.com

www.emundol.com
(661)468 0147
(310) 595 6956

Publicado por Editorial Mundo Latino
Los Ángeles, California, Estados Unidos

ISBN: 979-8-90070-645-0

EL PUNTO PARA SER RICO

Cómo convertir tu historia en la base de tu riqueza verdadera..

JOSE LUIS CANO

"HAY VECES QUE EL PATO NADA Y HAY VECES QUE NI AGUA BEBE."

José Luis Cano Briones

ÍNDICE

DEDICATORIA

Dedico este libro, primero, a **Dios**, quien ha sido mi guía, mi fuerza y mi refugio en cada paso de este camino. Sin Su presencia, nada de lo que has leído en estas páginas habría sido posible.

Él ha sido quien ha abierto las puertas correctas, cerrado las equivocadas y puesto en mi vida las pruebas que necesitaba para crecer.

A mis **padres**, que me enseñaron que la riqueza más grande se encuentra en los valores, la honestidad y el trabajo. A mi madre, por su amor incansable y su fe inquebrantable, que me sostuvo en mis momentos más oscuros.

A mi padre, por su ejemplo de disciplina y respeto, que me mostró que un hombre vale por su palabra y por la forma en que trata a los demás.

A mi **familia**, que ha sido raíz y sostén, incluso en los tiempos en que parecía que el suelo se movía bajo mis pies. A quienes caminaron conmigo, a quienes me apoyaron y también a quienes dudaron de mí, porque ambos me hicieron más fuerte.

A todas las personas que Dios puso en mi camino —familiares, amigos, compañeros de trabajo, maestros de la vida— que con un consejo, un gesto o un ejemplo, sembraron en mí la certeza de que no hay límites para quien decide levantarse una y otra vez.

Pero esta dedicatoria también es para **ti, lector**. Sí, para ti que tienes este libro en las manos y que tal vez estás en medio de tu propia batalla.

Quiero que sepas que no estás solo, que cada página que leerás aquí fue escrita pensando en inspirarte a no rendirte. Quiero recordarte que no importa qué tan difícil se vea tu presente, siempre hay un camino para salir adelante si decides tomarlo.

Si estás cansado, que estas palabras sean descanso. Si estás desanimado, que aquí encuentres fuerza. Si sientes que todo está perdido, que aquí descubras esperanza.

Porque el punto para ser rico no es solo acumular dinero, es **construir una vida que valga la pena ser vivida**. Y ese camino, créeme, empieza adentro de ti.

PREFACIO

Nací en un pequeño rincón del mundo llamado Torresitas, un ranchito escondido entre montañas, rodeado de cerros, piedras y arroyos que parecían susurrar historias al viento.

Aquel lugar formado por unas cuantas casas humildes es conocido por muchos devotos gracias a una imagen de la Virgen María plasmada milagrosamente en una piedra. Para mí, no es solo un símbolo de fe: es el punto exacto donde comenzó mi historia.

Allí nacieron mi padre, mis abuelos y varias generaciones antes de mí. De parte de mi madre, las raíces vienen de un pueblo llamado San José de Albuquerque, un sitio que aún no he visitado, pero que también forma parte de mi identidad.

A diferencia de mis padres, que no pudieron asistir a la escuela, yo sí tuve la oportunidad de estudiar, aunque no fue fácil.

Recuerdo que caminaba más de treinta minutos para llegar a clases, y quienes vivían en el rancho caminaban horas para poder estudiar.

En aquellos años no existía secundaria, mucho menos preparatoria o universidad en la zona rural.

Solo en la ciudad se podían encontrar esas oportunidades y aun así, muchos de mi generación lograron superarse y convertirse en profesionistas. Esa tenacidad fue una semilla que también germinó en mí.

Hoy, al mirar hacia atrás, comprendo que la vida me ha entrenado con lecciones duras y otras profundamente sabias. No todo ha sido sencillo, pero todo ha valido la pena.

He caído, he llorado, he sentido miedo, pero también he aprendido a levantarme, a confiar y a soñar más allá de los límites.

Las lecciones que más me marcaron no solo me enseñaron a ser fuerte: me inspiraron a crecer a transformarme y a convertirme en millonario. No solo en términos financieros, sino en mentalidad, propósito, determinación y fe.

Este libro no es un manual financiero más. Es la historia de alguien que viene desde abajo, que aprendió a leer los mensajes de la vida, que se formó con barro, sudor y lágrimas.

Aquí comparto el punto exacto donde empezó todo y cómo ese punto se convirtió en el camino hacia la riqueza. Porque sí se puede. Porque tú también puedes.

José Luis Cano Briones

PROLOGO

En un mundo donde el éxito suele medirse por cifras y apariencias, pocos se atreven a contar la historia detrás del triunfo: el origen humilde, las carencias, los tropiezos, y las batallas internas que nunca salen en los titulares.

Este libro, *El punto para ser rico*, no solo rompe con esa superficialidad, sino que se convierte en un mapa emocional y práctico para quienes desean transformar su vida desde adentro hacia afuera.

José Luis Cano Briones no nació rodeado de privilegios. Nació en un ranchito escondido entre montañas, donde las oportunidades eran escasas y la fe era el mayor refugio.

Sus raíces, marcadas por la lucha y el esfuerzo, no lo detuvieron: lo formaron. Le enseñaron que cada obstáculo es una escuela, cada herida una lección, y cada pérdida una poda necesaria para crecer con más fuerza.

Este libro no es un tratado técnico de finanzas, ni una fórmula mágica para hacerse rico de la noche a la mañana. Es, en esencia, un testimonio honesto de transformación personal. Aquí, el autor revela cómo la vida le enseñó a pensar como rico mucho antes de tener dinero en el bolsillo; cómo descubrió que la verdadera abundancia comienza en la mente y el corazón.

A través de estas páginas el lector descubrirá que la riqueza no es un destino reservado para unos pocos, sino un camino que se puede construir desde cualquier punto de partida, incluso desde un rincón olvidado del mapa, si se tiene la determinación de avanzar con fe, disciplina y visión.

Leer este libro es sentarse frente a una voz auténtica que no presume, sino que comparte. Es abrir los ojos a un tipo de sabiduría que no se enseña en universidades, pero que transforma vidas: la sabiduría que nace de vivir, de caer y levantarse, de agradecer lo poco y construir lo mucho.

En nombre de Editorial Mundo Latino, presentamos esta obra con profunda admiración por la historia de su autor y con la certeza de que, después de leerla, tú también sabrás cuál es tu punto para ser rico.

Editorial Mundo Latino

Los Ángeles, California

ACERCA DEL AUTOR

José Luis Cano Briones nació en un pequeño ranchito llamado Torresitas, en los años ochenta, rodeado de montañas, arroyos y un ambiente humilde pero lleno de fe y valores. Desde niño aprendió que la vida no regala nada: comenzó vendiendo quesos, frutas, paletas y hasta cilantro, siempre con la meta de ayudar a su familia y superarse.

Con apenas 15 años, dejó su hogar con solo 100 dólares en el bolsillo y una determinación inquebrantable.

Trabajó en oficios duros —fabricando cajas de madera, en talleres, repartiendo comida— mientras aprendía que la riqueza se construye primero en la mente antes que en los bolsillos.

A lo largo de su vida, José Luis ha transformado los golpes, carencias y retos en una filosofía de acción, fe y disciplina. Hoy, comparte sus experiencias y lecciones en *El punto para ser rico* con un propósito claro: demostrar que **no importa de dónde vengas, sino las decisiones que tomes para llegar a donde sueñas**.

Su historia es un testimonio vivo de que la pobreza no es un destino, sino una etapa, y que con voluntad, trabajo y visión, cualquier persona puede alcanzar la libertad financiera y personal.

INTRODUCCIÓN

No nací en cuna de oro, ni crecí rodeado de comodidades. Mi historia comienza en un pequeño ranchito escondido entre montañas, un lugar llamado **Torresitas**, donde la tierra los cerros y los arroyos eran parte del paisaje y también de la vida cotidiana.

Allí entre apenas unas quince casas, aprendí que la fe y el trabajo son los pilares más sólidos que puede tener un ser humano. Aún recuerdo la imagen de la Virgen María plasmada en una piedra, símbolo de esperanza para todos los que habitábamos ese rincón olvidado del mapa. Para mí, ese lugar sigue siendo sagrado, porque ahí empezó todo.

Mis padres nunca fueron a la escuela. La vida les enseñó desde la necesidad, desde el esfuerzo diario y la dignidad del trabajo. Yo tuve la fortuna de estudiar, aunque eso implicara caminar largos tramos para llegar a clase.

Algunos, incluso, recorrían horas para asistir a la primaria, porque en ese tiempo no había secundaria ni mucho menos universidad en nuestra zona. Pero eso no detuvo a muchos. Contra todo pronóstico, algunos lograron graduarse, cumplir sus metas y abrir camino para los que veníamos detrás.

Uno de los hombres que más me inspiró fue mi tío, hermano de mi madre, quien desde joven trabajaba con mi abuelo.

Cargaban mulas y burros con huevos, quesos, y productos del rancho, para atravesar brechas, cerros y ríos hasta llegar a un pueblo llamado El Refugio.

Allí vendían lo que llevaban y regresaban con naranjas, mandarinas, chiles y otras cosas que no se daban en nuestro terreno. Él apenas sabía leer y escribir, pero aprendió de la vida, del comercio, del trato directo con la gente.

Fue un verdadero emprendedor rural, un ejemplo viviente de que **las excusas no construyen futuro**. Él no culpaba al gobierno ni a nadie: trabajaba, y punto.

Todo eso me marcó. Me enseñó que el progreso no depende de tener todo resuelto, sino de la actitud con la que enfrentas cada obstáculo. Que los límites reales no están fuera, sino dentro de uno mismo. Que se puede empezar con poco y llegar lejos, si se tiene disciplina, visión y fe.

Este libro nace de esa raíz. Aquí comparto las lecciones más importantes que me han llevado a construir riqueza no solo económica, sino también espiritual y emocional. No vengo a darte fórmulas mágicas ni promesas vacías. Vengo a contarte lo que viví, lo que aprendí, y cómo tú también puedes encontrar **ese punto exacto para ser rico**. Porque todos lo tenemos. Solo hay que reconocerlo, trabajarlo y caminar hacia él, paso a paso.

1

EL ORIGEN DEL RICO NO ESTÁ EN EL DINERO

Nací en un pequeño ranchito llamado **Torresitas**, allá por los años ochenta, en medio de montañas, cerros, arroyos y piedras que parecían haber sido puestas por la mano de Dios para recordarnos nuestra pequeñez ante la inmensidad del mundo.

Aquel lugar humilde, formado por no más de quince casas, era más que un conjunto de viviendas rurales: era un refugio de fe, de tradiciones, y de historias que pasaban de generación en generación, contadas al calor del fogón o en las caminatas entre los surcos de la tierra.

Allí, entre el silencio del campo y la grandeza del cielo, comenzó todo. Ahí comenzó mi historia.

Torresitas no es solo un punto perdido en el mapa. Para mí, es un santuario. Un lugar que se volvió conocido por un fenómeno que no se puede explicar con lógica: una imagen de la **Virgen María** que apareció, sin intervención humana, en una piedra.

Nadie la pintó, nadie la esculpió. Simplemente un día, estaba ahí. Como un milagro. Como una señal.

Y desde entonces, miles de personas han viajado hasta ese rincón apartado del mundo solo para verla, para arrodillarse frente a ella, para pedir, llorar o dar gracias.

Yo tengo el privilegio de haber nacido ahí, donde la fe no es una idea, sino parte de la vida misma.

Mi padre también nació en Torresitas, al igual que mis abuelos y varias generaciones anteriores, aunque reconozco que la historia más allá de ellos se ha perdido con el tiempo.

Mi madre, en cambio, nació en un pueblo llamado **San José de Albuquerque**, un sitio que hasta hoy no he tenido la oportunidad de conocer, aunque llevo sus raíces conmigo.

Sin embargo, es Torresitas quien habita en mí con más fuerza. Cada vez que puedo, regreso. Vuelvo a caminar entre esos cerros, a respirar el aire limpio, a mirar la piedra con la Virgencita, y a darle gracias al Todopoderoso.

Le agradezco por todo lo que me ha dado… pero también por lo que me ha quitado. Porque a lo largo de la vida he aprendido que las pérdidas también son regalos disfrazados, que a veces

Dios nos libera de cargas que no comprendemos hasta después, y que todo absolutamente todo—tiene un propósito.

En Torresitas descubrí que la verdadera riqueza no comienza con el dinero, sino con la gratitud. Ahí, en ese ranchito, aprendí que el primer paso para ser rico no está en los bolsillos, sino en el corazón.

"La riqueza no consiste en tener grandes posesiones, sino en tener pocas necesidades."
— *Epicteto*

Esta frase condensa una gran verdad: la riqueza no siempre tiene que ver con lo que se acumula, sino con lo que uno es capaz de soltar.

En mi caso, aprendí que el desapego, la gratitud y la conexión con lo esencial abren más puertas que el dinero mal entendido.

¿DÓNDE COMIENZA REALMENTE LA RIQUEZA?

Para mí, comenzó en un lugar sin bancos ni escuelas modernas. En un ranchito donde la fe era más fuerte que el miedo, y donde se enseñaba a trabajar antes que a soñar.

La vida me mostró que el punto para ser rico no siempre está marcado con una cruz dorada en un mapa. A veces es una piedra. A veces un recuerdo. A veces un agradecimiento.

Si aprendes a reconocer tu origen y lo valoras, entonces tienes un punto de partida más poderoso que cualquier herencia.

Tu historia no es una cadena: es una escalera. Tus raíces no te atan: te alimentan. La pobreza puede ser el terreno donde nace la semilla, pero jamás debe ser la excusa para no florecer. La verdadera riqueza comienza con una decisión: **no quedarte donde empezaste.**

3 PASOS PARA ACTIVAR TU PUNTO DE PARTIDA

1. **Reconoce tu origen con orgullo.**
   Escribe una carta a tu niñez agradeciendo lo que te dio, lo que te enseñó y lo que te dolió. Esa historia es tu capital emocional.
2. **Haz una lista de todo lo que has perdido, y al lado escribe qué te enseñó cada pérdida.**
   Descubrirás que muchas de esas "quitas" fueron podas para hacerte crecer.
3. **Define tu punto actual.**

Responde con sinceridad: ¿Dónde estás hoy y hacia dónde quieres ir? ¿Estás avanzando o sobreviviendo?

Define tu "Torresitas interior": ese lugar donde todo comenzó y que, al recordarlo, te inspira a no rendirte jamás.

La historia que acabas de leer no es una anécdota lejana es el testimonio real de alguien que comenzó entre cerros y piedras, sin lujos, sin privilegios, pero con una convicción que el tiempo no pudo apagar. Porque uno no escoge dónde nace, pero sí escoge dónde quiere llegar.

Si tú también vienes de un lugar olvidado, si tus bolsillos están vacíos pero tu corazón late fuerte, entonces tienes lo que necesitas. Tienes alma. Tienes voluntad. Y sobre todo, tienes elección.

No te quedes en la pobreza del alma. No justifiques lo que puedes transformar. El punto para ser rico está en ti, y comienza en este instante. Dale dirección a tu historia. Muévete. Hazlo.

Porque si yo pude, tú también puedes.

AQUÍ NACI.

MI TIERRA, MI NIÑEZ.

LA TIERRA QUE ME VIO NACER.

2

MI PRIMER MENTOR: SIN LETRAS, CON PROPÓSITO

Desde pequeño, vi con mis propios ojos que no se necesita saber leer para volverse rico. Se necesita voluntad, visión y el coraje de trabajar sin descanso.

Mi tío, hermano de mi madre, fue la primera persona que me enseñó eso, sin darme clases, sin usar pizarras ni libros… sino con el ejemplo.

Él venía de un pueblo llamado **San José del Albuquerque**, y desde joven comenzó a trabajar con mi abuelo.

Cargaban mulas y burros con huevos, quesos y otros productos de su ranchito. Los envolvían con cuidado, usando paja y cajas para proteger la mercancía, y emprendían largas travesías por entre cerros, ríos y montañas hasta llegar a un lugar llamado *El Refugio*.

Allí vendían lo que llevaban, y a cambio, regresaban con lo que su tierra no producía: naranjas, mandarinas, chiles, y toda clase de frutas que allá no se daban. Esa era su forma de hacer comercio: práctica, constante, sin excusas.

Después de la muerte de mi abuelo —quien cayó en un cerro— mi tío decidió establecerse en *El Refugio*. Compró un terreno, construyó un par de cuartos, una pequeña bodega, y ahí nació su primera tienda.

Vendía abarrotes, frutas y verduras que traía desde el mercado de abastos de la ciudad. Como no tenía transporte propio, dependía de que alguien le diera "ride" de ida y de regreso, pero eso nunca lo detuvo. Con lo poco que tenía, hacía mucho. Y lo que no tenía, lo suplía con creatividad y esfuerzo.

Su esposa —mi tía— fue clave en ese proceso. Una mujer buena, trabajadora, solidaria. Lo ayudaba en todo, lo apoyaba sin condiciones.

Eso también lo aprendí de él: que el éxito se multiplica cuando la persona que tienes a tu lado cree en ti. Ella no solo era su compañera de vida, era su socia, su impulso, su respaldo silencioso.

Poco a poco, el negocio creció. Compró una milpa, sembró maíz, chile, tomate y todo lo que la tierra permitía.

Empezó a criar animales: borregos, chivos, toros. Nada se desperdiciaba. Lo que no se vendía en la tienda, servía de alimento para el ganado. Más adelante, construyó una desgranadora de maíz usando una troca vieja.

El maíz del pueblo pasaba por sus manos: lo desgranaba por encargo o lo compraba directo para venderlo en el mercado de abastos. Todo eso lo hizo sin saber leer bien, y con las matemáticas justas que fue aprendiendo mientras hacía negocios.

Mi tío era querido por todos. Era católico, humilde, generoso. Daba doctrina a los jóvenes de la iglesia, asistía a misa todos los domingos, y donaba discretamente a la parroquia.

A pesar de tener dinero, comía con sus empleados como uno más. Nunca se creyó superior. Nunca dejó de servir. Y nunca dejó de dar. Por eso siempre he pensado que Dios se lo multiplicaba.

Mi papá trabajó para él. También mi mamá. Y desde que tenía seis años, yo ayudaba: por la mañana en el campo, por la tarde en la tienda.

Descargaba mercancía, repartía productos, aprendía sin darme cuenta cómo se construye una empresa desde cero.

Esa etapa marcó mi infancia. Me formó. Me enseñó que los negocios no empiezan con dinero, sino con trabajo.

Y comprendí algo que me acompañaría el resto de mi vida:

El que no quiere progresar, siempre encontrará excusas. Pero el que quiere, siempre encuentra el camino.

"El éxito no es para los que piensan en grande, sino para los que actúan, incluso en pequeño."
— *Robert Kiyosaki*

La educación formal es valiosa, pero la voluntad lo es aún más. No todos nacemos con las mismas oportunidades, pero todos tenemos la capacidad de decidir.

Mi tío no tuvo libros ni títulos, pero sí tuvo visión, disciplina y fe. Él no necesitó leer manuales de negocios para saber cómo vender.

No necesitó dominar estadísticas para entender el valor del trabajo. Me enseñó que ser rico no es cuestión de estudios, sino de determinación, humildad y constancia.

3 PASOS PRÁCTICOS

1. **Identifica tu recurso más olvidado.**
   ¿Qué tienes hoy que podrías usar para comenzar un negocio? Tal vez sabes cocinar, vender, organizar, reparar… haz una lista.

2. **Escribe tres excusas que te repites constantemente.**
   Luego táchalas y reemplázalas por tres decisiones concretas. Por ejemplo: "No tengo tiempo" → "Voy a dedicar una hora diaria a emprender".
3. **Busca a una persona que te inspire y analiza su historia.**
   ¿Qué obstáculos superó? ¿Qué hábitos tiene? ¿Qué puedes aprender de su camino? Luego escribe una acción que tú puedes aplicar desde hoy.

La historia de mi tío no es una fábula para entretenerte. Es un espejo. Un reflejo vivo de lo que es posible lograr cuando dejas de ponerte excusas y empiezas a moverte con lo que tienes, desde donde estás.

Él no tuvo estudios, pero tuvo hambre de crecer. No tuvo lujos, pero tuvo una mente estratégica. No entendía de teorías financieras, pero entendía de intercambio, de servicio, de esfuerzo, de reinversión. Y eso, créeme, vale más que cualquier título colgado en una pared.

Yo fui testigo de todo eso. Lo vi construir algo desde cero. Lo vi caer, levantarse, insistir, corregir, compartir, multiplicar. Lo vi hacerlo una y otra vez.

Y sin saberlo, sembró en mí una semilla: la certeza de que la riqueza se construye con las decisiones que tomas cuando nadie te está aplaudiendo. Ahora me toca a mí decírtelo a ti. Sí, tú. El que está leyendo esto.

Tal vez crees que no tienes lo suficiente. Tal vez sientes que naciste en desventaja. Tal vez piensas que necesitas estudiar más, tener más dinero, conocer más personas… y mientras tanto, la vida sigue esperando a que decidas actuar.

Tú puedes construir riqueza. No mañana. No cuando el gobierno cambie. No cuando tengas la fórmula perfecta. Puedes comenzar hoy.

Con lo poco o mucho que tengas. Con la claridad de que si tú no te haces cargo de tu vida, nadie más lo hará.

Deja de repetir la historia del que se queja y empieza a escribir la historia del que construye. Deja de mirar hacia afuera y empieza a mirar hacia adentro: ahí está el punto para ser rico. Empieza con una decisión. Una sola. Pero que la tomes en serio. Que la vivas con valentía. Que no te detengas aunque tengas miedo. Porque el miedo no es el final. Es apenas la puerta de entrada al crecimiento.

Y si alguna vez dudas, recuerda esto:
yo también empecé cargando cajas, limpiando maíz, repartiendo frutas a pie…

Y hoy estoy aquí, no solo contándote mi historia, sino desafiándote a escribir la tuya.

¿Vas a seguir esperando que alguien más cambie tu vida? ¿O vas a hacer lo que hizo mi tío, lo que hice yo, y lo que miles han hecho antes que tú? Levántate. Organízate. Piensa.

Muévete. Hazlo con fe. Hazlo con coraje. Hazlo con humildad. Pero hazlo. Porque la riqueza no es para los que sueñan…Es para los que se atreven.

No necesitas saberlo todo. Solo necesitas empezar.
Porque el verdadero punto para ser rico comienza cuando dejas de buscar razones para rendirte…
…y empiezas a buscar motivos para avanzar.

3

CICATRICES QUE SE CONVIERTEN EN ORO

Uno de los días más duros de mi niñez fue aquel en que perdí el dinero de los quesos, mi bicicleta… y lo que más dolió: la confianza de mis padres.

Yo mismo había construido ese pequeño negocio. Vendía quesos en la calle. También vendía frutas, paletas, y hasta sembraba cilantro en el patio de la casa para venderlo en manojitos.

Mientras muchos niños jugaban, yo ya pensaba en cómo ayudar en la casa, en cómo comprar mis propios libros y uniformes. Sabía que el sueldo de mi papá apenas alcanzaba para lo más básico.

Pero un día, me dejé llevar. Entré a jugar en unas maquinitas, esas de Nintendo que brillaban y sonaban como si fueran parte de un mundo mejor.

En ese mundo falso, perdí el dinero. Y también la bicicleta. Me la robaron mientras jugaba.

Regresé a casa con las manos vacías... y con el alma rota.

Mi papá fue duro. Me gritó. Me dolió. Pero más que cualquier palabra o castigo, lo que me quebró fue ver en sus ojos la decepción. Esa mirada que pesa más que los regaños. Y aunque me lo gané, nunca lo olvidé. Ese día entendí que los errores cuestan, y que no hay lugar para excusas cuando uno tiene una misión.

Crecimos en casas prestadas, en viviendas que familiares dejaban al irse al norte. A veces dormíamos 10 o 15 personas en un solo cuarto. Usábamos velas o quinqués, porque la luz no era una garantía. Pero aún con todo eso, la vida tenía belleza.

Jugábamos fútbol en la calle, a las escondidas, a los encantados. No había lujos, pero sí carcajadas. No había celulares, pero sí historias.

No había streaming, pero sí conexión real. En mi casa se enseñaba respeto. Una vez, mi hermano robó una paleta... y aunque ya la había mordido, lo obligaron a regresarla. Porque la honestidad, en mi familia, valía más que cualquier peso.

Un perro me mordió una vez. ¿Y qué hizo mi abuela? Me echó petróleo, me amarró un trapo...

y vámonos a la milpa. No se lloraba. Se aguantaba. La vida no se detenía.

Otro día, un primo se cayó de una cerca. Las varillas expuestas le atravesaron el cuello y salieron por la boca. Lo sacaron rápido, le pusieron alcohol, petróleo… y sobrevivió. Historias como esas eran normales. Nadie se victimizaba. Nadie decía "pobrecito de mí". Nos enseñaban a endurecernos por dentro, a seguir caminando con el dolor encima, como si fuera parte del uniforme de la vida.

Hoy veo a las nuevas generaciones con hospitales, psicólogos, avances tecnológicos, y aun así muchos siguen sintiéndose vacíos. ¿Por qué? Porque no han sido entrenados en lo esencial: la resiliencia, el carácter, el propósito.

Yo lo aprendí todo desde abajo. Y por eso hoy puedo decirlo con autoridad: **la pobreza no me dio lástima. Me dio carácter. Me enseñó a ser fuerte antes que tener.**

"No es la carga lo que te rompe, sino la forma en que la llevas."

— Lou Holtz

Muchos piensan que el dinero es el premio, pero para mí, **la verdadera riqueza comienza cuando aprendes a resistir, a levantarte, a corregir tu camino y a no victimizarte.**

Nadie que se sienta una víctima logra construir imperios. Lo que construye un millonario no son las cuentas bancarias, sino las caídas que se transforman en decisiones. **Los golpes de la vida son entrenamientos para el éxito.**

Yo pienso como un boxeador: cada día hay que entrenar, mejorar, perfeccionar. Porque siempre llegará otro más joven, más fuerte, más rápido. Por eso, el verdadero reto no es alcanzar la cima, sino mantenerse. **Y eso solo se logra con hambre, con carácter y con propósito.**

ENTRENAMIENTO DE CARÁCTER

1. **Recuerda tu momento más doloroso.** Escríbelo en una hoja y pregúntate: ¿Qué me enseñó? ¿Qué pude haber hecho diferente? ¿Qué fortalezas nacieron de ahí?
2. **Define tu respuesta ante la adversidad.** ¿Lloras, te quejas o actúas? Elige una próxima dificultad y planea cómo responderás con temple.
3. **Comprométete con el "entrenamiento diario".**

Elige un hábito pequeño que te fortalezca mentalmente: madrugar, leer, caminar, vender, orar. Hazlo diario por 7 días sin excusas.

No te conté esta parte de mi historia para causar lástima, ni para que me aplaudas por haber salido adelante. Te la conté para que mi voz resuene dentro de ti como un espejo, como una sacudida que no te deje igual.

Porque tú también has tenido momentos difíciles. Lo sé. Quizás no los mismos que yo, pero sí golpes que te han dejado dudas, miedos, heridas o inseguridades.

Tal vez perdiste algo. Tal vez perdiste a alguien. Tal vez perdiste la fe en ti mismo. Pero si estás leyendo esto, aún no estás vencido. Aún tienes el privilegio de elegir.

Yo fui ese niño que regresó a casa sin bicicleta, sin dinero, sin dignidad… pero no me quedé ahí. Lloré, sí. Me dolió, claro.

Pero entendí que no podía construir mi vida desde la culpa o desde el miedo. Tuve que levantarme, apretar los dientes y prometerme que no me iba a quedar donde la pobreza me había arrojado.

La vida me mostró que **la pobreza no se combate con quejas**, se derrota con visión, con trabajo, con coraje. No importa si vienes de un cuarto donde dormían 15 personas, de una casa sin luz, sin muebles, sin privilegios. Si decides cambiar tu historia, el pasado no te amarra… te impulsa. Pero escucha bien lo que te voy a decir: **Nadie vendrá a salvarte.**

Nadie te va a regalar el éxito.

El mundo no te debe nada.

El tiempo no espera.

Y la riqueza no llega a los que lloran: llega a los que actúan. Hoy quiero desafiarte, así como la vida me desafió a mí.

Quiero que tomes tu historia, tu dolor, tus fracasos… y los conviertas en gasolina.

Quiero que dejes de preguntarte "¿por qué me tocó esto?" y empieces a preguntarte "¿qué voy a hacer con esto?".

El mundo está lleno de gente con talento, pero sin voluntad. Lleno de personas que sueñan, pero no se atreven. Tú no puedes ser uno más.

Si has pasado por la escasez, por el rechazo, por la injusticia, entonces ya tienes ventaja: **ya conoces el dolor.** Ahora te toca **convertir ese dolor en disciplina, en fuego, en impulso.**

No viniste al mundo a sobrevivir. Viniste a dejar huella.

No fuiste creado para la mediocridad. Fuiste formado para brillar. Y si nadie te lo ha dicho antes, yo sí te lo voy a decir: **Tú puedes ser millonario.**

No solo en dinero.

Sino en ideas.

En impacto.

En propósito.

En libertad.

Pero tienes que decidirlo. Y más aún, tienes que **probarlo con acciones**.

La vida no responde a los deseos. Responde al trabajo. Y cada día que tú te levantas con intención, estás diciendo:

"No me rindo. No me detengo. No me conformo. Estoy construyendo mi riqueza, paso a paso, golpe a golpe, victoria a victoria."

Así que levántate. Respira hondo. Mírate al espejo. No eres una víctima.

Eres un guerrero.

Y los guerreros no piden permiso.

Los guerreros conquistan.

¿Estás listo?

4

DEL DOLOR A LA DETERMINACIÓN: EL CAMINO QUE COMENZÓ CON 100 DÓLARES

Siempre he creído que la pobreza no es una condena, es una decisión. Pobre sigue siendo quien no quiere trabajar, quien no quiere aprender, quien no lee, quien no se esfuerza.

Y hoy más que nunca, hay oportunidades que generaciones anteriores jamás imaginaron: desde un celular puedes invertir, aprender, vender y multiplicar tu dinero. No necesitas tierras, fábricas o herencias. Necesitas voluntad.

A los 13 años, yo ya pensaba en cómo comprar una milpa, en sembrar, en hacer algo por mí mismo. Lo que ganaba no era mucho, pero mi fe y mi determinación me empujaban a creer que todo era posible.

Creo profundamente que lo que piensas, lo atraes, y que Dios siempre te da las herramientas para construir lo que sueñas. No significa que sea fácil: en el camino siempre habrá piedras. Pero esas piedras, si sabes juntarlas, se convierten en la base de tu pirámide.

En ese tiempo tenía un primo al que admiraba como a un hermano. Era fuerte, rápido, trabajador. Quería ser como él. Pero un malentendido lo cambió todo.

Pensó que yo quería quitarle a la muchacha que le gustaba. Yo solo era el mensajero, el cupido entre ellos. No me creyó. Me dejó de hablar, y su familia comenzó a mirarme con recelo. No supe cómo defenderme. Y aprendí que el silencio, a veces, pesa más que cualquier palabra.

Esa herida me empujó a salir de casa. Un primo que vivía en Guadalajara me dijo: "Vente conmigo". Tenía 15 años, 100 dólares en el bolsillo, y un sueño: llegar a Estados Unidos.

LA CIUDAD Y LAS PRIMERAS BATALLAS

En Guadalajara descubrí lo que significa buscar trabajo y siendo menor de edad. Caminé calles, toqué puertas, aguanté hambre. Hasta que un señor me ofreció un puesto haciendo cajas de madera para frutas.

Me pagaban cinco centavos por cada par de cabeceras. Para juntar 100 pesos tenía que cortar y ensamblar cientos de piezas al día. Era un trabajo duro, repetitivo, pero era lo que había.

Y aún tenía un problema más: no sabía ahorrar. Lo poco que ganaba se iba en comida, fiestas o cualquier antojo del momento.

Vivía para el hoy, sin pensar en el mañana. Sin embargo, mi corazón permanecía firme: quería ayudar a mis padres, quería mandarles dinero, quería que tuvieran su propia casa.

LAS PERSONAS QUE DIOS PONE EN EL CAMINO

Dios nunca me soltó. En medio de esa lucha aparecieron personas que marcaron mi vida: Doña Esther, que me trató como a un hijo, y Don Rubén, que me dio consejos que aún guardo como tesoros.

Su familia me adoptó. Me hicieron sentir parte de algo. Íbamos a misa, al cine, a cenar tacos. A veces me tocaba ir echado en la cajuela porque no cabíamos en el carro, pero yo iba feliz: me sentía amado, me sentía en casa.

En Guadalajara también trabajé en un taller de amortiguadores y por las noches repartía hamburguesas en bicicleta. Dormía poco, comía mal, pero lo aceptaba con gusto: estaba forjando mi carácter. Lo que vivía era un entrenamiento silencioso para la vida que me esperaba.

No fue fácil. Nunca lo ha sido. Pero no vine a quejarme del camino. Vine a honrarlo. Cada lágrima, cada paso, cada rechazo, me estaba formando. Aunque en ese momento no lo entendiera.

"El dolor que no entendiste en tu juventud, es la fuerza que te impulsa en tu futuro."

Cuando miro atrás y recuerdo a ese joven, con apenas 100 dólares en el bolsillo y una maleta cargada más de ilusiones que de ropa, me doy cuenta de algo: lo que me sostenía no era el dinero, ni la suerte, ni un plan perfecto… era la **determinación**. Esa fuerza invisible que te dice: *"No importa dónde estés, no te detengas."*

La gente me pregunta cómo hice para pasar de trabajos de cinco centavos a construir una vida de abundancia.

La respuesta no es complicada, pero sí incómoda: **me negué a seguir siendo pobre de mentalidad**. Porque la pobreza más peligrosa no es la que se mide en dinero, sino la que se instala en la mente, en forma de excusas, quejas y resignación.

Desde muy joven entendí que la vida no iba a regalarme nada. Que no podía esperar a tener todas las condiciones perfectas para empezar.

Que la oportunidad no llega vestida de éxito, sino disfrazada de trabajo incómodo, de días agotadores, de momentos donde nadie te ve y parece que nada cambia.

Yo sabía que cada caja de madera que fabricaba, cada noche pedaleando para repartir hamburguesas, cada jornada en el taller, estaba moldeando algo más que mi bolsillo: estaba moldeando **mi carácter**.

Aprendí que el verdadero capital no está en lo que posees, sino en lo que eres capaz de resistir y superar.

Y hoy quiero decírtelo a ti: si quieres salir de la pobreza, primero debes salir de tu zona de comodidad.

Debes aprender a trabajar con lo que tienes, a invertir tu tiempo en algo que sume, a ver cada dificultad como un entrenamiento y no como una derrota. Porque el mundo no te debe nada, y la vida no se compadece de los que esperan sentados a que algo cambie.

El éxito no se trata de suerte. Se trata de levantarte cuando nadie cree en ti. De seguir cuando no ves resultados. De construir en silencio hasta que tus logros hablen por ti. La pregunta que debes hacerte no es si puedes hacerlo… es si estás dispuesto a pagar el precio.

Si lo estás, te prometo algo: tu vida no volverá a ser la misma. Porque el que entrena su mente para ser fuerte, no solo se hace rico en dinero… se hace rico en libertad, en propósito y en legado.

EL PLAN DE 100 DÓLARES

1. **Define tu capital inicial.**
   No importa si es dinero, tiempo, habilidades o contactos. Escríbelo. Ese es tu punto de partida.
2. **Diseña una meta pequeña pero concreta.**
   Así como yo soñaba con mandar dinero a mi mamá, define un objetivo que puedas medir y cumplir en 30 días.
3. **Establece un sistema de ahorro y reinversión.**
   Guarda un porcentaje fijo de cada ingreso, por mínimo que sea. No lo gastes. Úsalo solo para algo que te acerque a tu meta.

Hoy quiero hablarte sin filtros. Tal vez no naciste en una familia con recursos. Tal vez tu historia está llena de carencias. Tal vez sientes que el mundo no te da oportunidades.

Pero te voy a decir una verdad incómoda: **las oportunidades no se esperan, se crean**. Y muchas veces se crean en silencio, trabajando mientras otros descansan, aprendiendo mientras otros critican.

Yo no vine a decirte que será fácil. Vine a decirte que es posible. Porque yo empecé con 100 dólares y una mochila.

Trabajé donde me dieron la oportunidad, acepté trabajos que otros rechazaban, aprendí de quienes me tendieron la mano, y convertí mis heridas en escalones.

Tú también puedes. Pero tienes que decidirte hoy. No cuando tengas más dinero. No cuando tengas más tiempo. Hoy.

Haz que cada peso cuente. Haz que cada hora trabaje para ti. Haz que cada persona que Dios ponga en tu camino sea un maestro.

Y cuando sientas que no puedes más, recuerda que este capítulo no lo escribí desde la comodidad: lo escribí desde la experiencia de alguien que lo vivió, que lo sufrió y que lo superó.

El dolor es inevitable. La pobreza también lo puede ser. Pero seguir ahí… es tu decisión. **Sal. Lucha. Construye.**
Y no pares hasta mirar atrás y decir: *Valió la pena.*

5

DE LOS SUEÑOS A LAS REALIDADES: EL VALOR DE ELEGIR BIEN

Desde niño soñaba con llegar a Estados Unidos. Para mí, ese país era el lugar donde la pobreza se vencía, donde los que regresaban lo hacían con carros, ropa nueva y dólares en el bolsillo. Era la tierra de las oportunidades, el sitio donde todo parecía posible. Y yo estaba decidido a llegar.

Cuando tuve la oportunidad, no lo pensé dos veces. Me despedí de mis patrones en Guadalajara —a quienes agradezco de corazón— y emprendí el viaje con un primo. Llevaba apenas 100 dólares, pero cargaba con una tonelada de ilusiones.

El sueño, sin embargo, pronto se convirtió en pesadilla. Me agarraron más de diez veces. Cruzábamos el río y al otro lado ya nos esperaba migración. Empezamos a sospechar que el coyote tenía trato con la patrulla. Aun así, no me rendí. Tenía hambre de avanzar, de cambiar mi vida, de cumplir lo que había prometido a mi familia.

Hasta que un día, cansados de engaños, decidimos intentarlo por nuestra cuenta. Llegamos a Eagle Pass, donde Dios nos mandó un buen hombre que nos dio comida, techo y trabajo. Durante más de tres meses lo ayudamos en todo: albañilería, limpieza, lo que fuera. Fue un respiro en medio de la tormenta.

AUSTIN: DONDE EMPEZÓ MI NUEVA VIDA

De ahí me fui a Austin, a trabajar en jardinería con un tío. Era un trabajo agotador: desde el amanecer hasta el anochecer, bajo el sol ardiente, hasta que la piel quedaba quemada.

Luego, unos primos me llevaron a Houston, donde me ofrecieron un empleo de mecánico. Ganaba 69 dólares a la semana.

De ese ingreso tenía que cubrir renta, comida, luz, teléfono... apenas completaba. Pero Dios aprieta, no ahorca. Siempre encontraba cómo salir adelante.

Mi primo, con el que vivía, era estricto. Me cobraba todo puntual. Si me atrasaba en la renta, eran 25 dólares más por día.

Eso me enseñó a disciplinarme. No había margen de error: cada primero del mes, yo debía tener mi parte. Y siempre la cumplí.

DE LA MECÁNICA A LA ELECTRICIDAD

Un día, ese mismo primo me ofreció trabajar con él en electricidad. Me pagaba menos, pero acepté sin dudarlo. Desde el primer día supe que había encontrado mi lugar. Me encantaba andar por Houston, ver casas en construcción, aprender. Venía de trabajos duros, así que nada me intimidaba.

Aprendí rápido. Cuando dominaba lo básico, otro contratista me ofreció empleo. Comencé a alambrar casas.

Trabajábamos rápido, salíamos temprano. El primer pago que recibí me sorprendió: más de 700 dólares en un sobre. Creí que era un error y quise devolverlo.

—¿Quieres que te pague más o menos? —me dijo molesto—. Ese es tu valor.

Ese día comprendí una de las lecciones más grandes de mi vida: **el valor no te lo pone un patrón, te lo pones tú con tu trabajo y tu excelencia.**

EL AMOR COMO MOTOR DE CRECIMIENTO

En Houston conocí a la que hoy es mi esposa. Al principio, su familia no me quería: yo no tenía nada, pero ella tampoco.

Eso no me detuvo. Ella me apoyó incluso cuando apenas éramos novios: me echaba gasolina para el carro, me preparaba comida para llevar al trabajo. Su apoyo marcó la diferencia.

Con el tiempo, nos fuimos a vivir juntos, enfrentando los retos que traen los comienzos. Pero siempre tuvimos claro algo: crecer juntos.

Ella no solo fue mi pareja, fue mi compañera de lucha. Y aprendí otra verdad poderosa: *si quieres llegar lejos, elige a la persona correcta para caminar a tu lado.*

"Si quieres llegar rápido, camina solo. Si quieres llegar lejos, camina acompañado." — Proverbio africano

Entendí que los sueños no se logran solo con esfuerzo físico: se logran también con las decisiones que tomas y las personas que eliges a tu lado. Dios me permitió encontrar un oficio que me apasionó, pero también me permitió encontrar una mujer que creyó en mí antes de que yo tuviera algo que ofrecer. Esa combinación —propósito y compañía— es una de las fórmulas más poderosas de la riqueza verdadera.

Y aquí está la clave: **tu valor no depende de cuánto ganas hoy, sino de cuánto te atreves a aprender, crecer y aportar.**

Si tú mismo no reconoces tu valor, nadie lo hará. Pero si lo demuestras con tu trabajo, con tu disciplina y con tu carácter, el mundo terminará pagándote lo que realmente vales.

EJERCICIOS

1. **Haz una lista de tus habilidades actuales.** Pregúntate: ¿Qué sé hacer que podría convertirse en un negocio u oportunidad?
2. **Reflexiona sobre tus relaciones.** ¿La persona con la que compartes tu vida te impulsa o te detiene? Escríbelo con honestidad.
3. **Calcula tu verdadero valor.** Anota cuánto ganas hoy y cuánto podrías ganar si dieras un 20% más de esfuerzo, aprendizaje y excelencia.

Hoy quiero hablarte como alguien que ya caminó ese camino. No importa si tu sueño parece imposible, si te rechazan una y otra vez, si cruzas ríos y muros que parecen insuperables: lo que importa es que no te rindas.

Yo llegué a este país con 100 dólares y un corazón decidido, y descubrí que la riqueza no llega sola: se construye con disciplina, con fe y con el apoyo de las personas correctas.

Quiero desafiarte a mirar tu vida y preguntarte: ¿te estás valorando lo suficiente? ¿Estás dando lo mejor de ti en lo que haces? ¿Estás rodeado de personas que suman o de personas que restan? Porque tu futuro depende de esas respuestas.

No aceptes que te digan que vales menos. No permitas que tu pasado determine tu destino. No camines con quien te roba fuerzas: camina con quien te ayuda a levantarte.

Elige tu camino. Elige tu compañía. Elige tu valor.

MÍRATE EN EL ESPEJO Y PREGÚNTATE:

- ¿Estoy caminando con alguien que me impulsa o con alguien que me frena?
- ¿Estoy gastando mi energía en quejarme o en aprender?
- ¿Estoy trabajando solo por sobrevivir o estoy trabajando para dejar huella?

La respuesta a esas preguntas marcará tu destino más que cualquier sueldo, ciudad o jefe.

Yo quiero retarte hoy a no vivir un día más como espectador. Toma tu lugar como protagonista de tu propia historia. Sal de la comodidad. Acepta los riesgos. Atrévete a aprender algo nuevo, a invertir en ti, a valorar lo que Dios ha puesto en tus manos.

Escúchame bien: **la riqueza no es un sueño americano, es un sueño humano.** No tiene fronteras. No importa si estás en Houston, en Guadalajara, en un rancho perdido o en una gran ciudad: si trabajas con visión, con disciplina y con fe, la abundancia llegará.

Hoy quiero dejarte con una verdad que cambió mi vida: **la pobreza no está en tu bolsillo, está en tu mente.** Y del mismo modo, la riqueza no empieza en una cuenta bancaria, empieza en tu corazón.

Así que levántate. Deja de esperar a que alguien más decida por ti. Da ese paso que tienes miedo de dar. Cierra puertas que ya no suman. Rodéate de gente que cree en ti. Declara con tu vida que no estás aquí para rendirte, sino para conquistar.

Porque si yo, que vine con 100 dólares y una maleta de ilusiones, pude levantarme y construir mi riqueza, tú también puedes hacerlo. No mañana. No algún día. **Hoy.**

Porque la riqueza no empieza en un cheque: empieza en tu decisión de crecer, día tras día, sin rendirte jamás.

6

DE OBRERO A FUNDADOR: LA HISTORIA DETRÁS DE KANO ELECTRIC

El día que abrí mi primer cheque de **más de 3 mil dólares** en Estados Unidos, **lloré**. No lloré por la cifra; lloré porque entendí que, por fin, **la pobreza me había soltado la espalda**.

Ese papel decía más que un pago: era la prueba de que mis madrugadas a las 4 a. m., mis llegadas a las 10 de la noche, mis intentos fallidos, mis humillaciones y mi hambre no habían sido en vano. Nadie me regaló ese dinero: **lo trabajé** a pulso, día tras día.

En ese tiempo solo éramos **mi esposa y yo**; no teníamos hijos. **Nos mudamos de los apartamentos** —donde hasta la herramienta te roban— y **renté una casita cerca de la compañía** para llegar más temprano y exprimir cada minuto. El plan funcionó.

El ritmo de trabajo era brutal, pero la esperanza, más grande. **Mi esposa quedó embarazada** de nuestro primer hijo, y antes de que naciera **Luis Eduardo**, ya habíamos comprado

nuestra primera casa; la misma en la que **seguimos viviendo hasta hoy**. Después llegaron **Juan** y **Mónica**, y con ellos una razón más para no aflojar.

Con disciplina y fe, **les hice la casa a mis papás** y **otra a mis suegros**.

Habían pasado años de hambre, de trabajos mal pagados, de intentos fallidos para cruzar, de madrugadas donde lo único que tenía era **fe**. Pero esa noche del cheque, cuando llegué a casa y conté **dólar por dólar**, supe que había **una vida nueva** esperándome… y que **no iba a mirar atrás**.

Mi esposa fue combustible en mis horas más bajas. **Me preparaba mis comidas**, me daba **gasolina para el carro**, me **abrazaba** cuando "no salía trabajo". Una reina. Lo digo claro: **quien elige bien a su pareja, gana medio camino hacia la riqueza**.

Trabajé jornadas de **15 horas** para un patrón que **no quería subirme ni 50 dólares**. Promesas y promesas… nada. Un día, con el corazón apretado, **renuncié**.

Fui directo a la compañía para la que ellos subcontrataban y pedí trabajo con **otro contratista**: era **el primo de mi patrón**.

Me **contrató**. En este país, a veces no importa quién seas: **importa lo que sabes hacer y la actitud con la que lo haces.**

Empecé haciendo **trim out** (instalar apagadores, enchufes, lámparas). **Una casa por día.** No había GPS; usábamos **mapas viejos y direcciones borrosas.**

A veces tardaba horas solo en encontrar la obra. Aun así, salía a las 4 a. m. y volvía a las 10 p. m., todos los días. Cuando me pagaron… **3 mil dólares.** Ahí supe que **mi sudor ya tenía valor.**

KANO ELECTRIC: MI NOMBRE, MI ORGULLO, MI LEGADO

Nada de esto fue fácil. me puse a **estudiar**, saqué mi **licencia de Master Electrician**, y me volví estudiante de por vida. Leí **Padre rico, padre pobre**, **Piense y hágase rico**, **El alquimista**, **Queremos que seas rico** y varios más. Aprendí que **los grandes también caen**, y que "**lo que no te mata, te hace más fuerte**".

Con ese impulso y varias lecciones encima, nació **Kano Electric LLC**. Sin socios, sin dinero y sin respaldo. Tenía **herramientas, experiencia** y una mentalidad clara: **"Si puedo hacer**

ganar miles de millones a una compañía, también puedo ganarlos para a mí."

Empecé **solo**. Luego con **un ayudante**. Después **tres, cinco, diez**. Al poco tiempo, **los mismos que alguna vez me pagaron centavos, me pedían trabajo**. No lo digo con rencor, lo digo con respeto: **el que se transforma, inspira; y el que inspira, lidera**.

Pero no todo fue ascenso. La caída más fuerte vino después: una **sociedad con un "amigo"** me costó **dinero, reputación y ganas de seguir. Caí en la bebida**. Me perdí en la frustración. **Toqué fondo**.

Y aun ahí, algo me sostenía: **mi propósito, mi familia y mi nombre**. Me **levanté**. Me **sacudí. Dejé el alcohol**. Empecé **desde cero** con más humildad, más sabiduría y con lo único que nadie me puede quitar: **mi experiencia y mi fe**.

Todo empieza cuando tú quieres: cuando dejas la pereza, pones a **Dios** en tu mente y en tu corazón, cuidas tu **salud**, decides que vas a lograrlo y haces **todo con amor**. Yo fundé mi compañía **porque amo lo que hago**. Aquí **soy feliz**.

"A veces perderlo todo es la única forma de recordar quién eres... y de qué estás hecho."

EJERCICIOS

1. Reconoce y escribe en un cuaderno cuál fue tu "primer cheque" en la vida: ese logro que te hizo sentir que tu esfuerzo valía.
2. Identifica cuál ha sido tu mayor caída y qué aprendiste de ella. Escríbelo con honestidad.
3. Agradece a la persona que ha sido tu gasolina en los momentos más oscuros. Si es tu pareja, exprésale tu gratitud hoy mismo.
4. Define un proyecto que te apasione y empieza a dar un paso diario hacia él, aunque sea pequeño.

Quiero hablarte como alguien que ya pasó por ahí. **Sí se puede.** Pero no se puede con excusas. No se puede con mentalidad de víctima.

No se puede esperando que alguien más te "suba 50 dólares". Se puede cuando **tomas el volante** de tu vida, te **exiges**, **aprendes** y **te valoras**.

Si hoy trabajas 15 horas y te pagan como si trabajaras cinco, **háblalo**. Si no te escuchan, **muévete**.

Toca la puerta de quien **valora resultados**. Haz lo que hice yo: cambia "no te puedo pagar más" por "voy a demostrar cuánto valgo". **Y demuéstralo** con puntualidad, calidad y carácter.

Cuando **todo se te ponga en contra**, acuérdate de mí: yo también **perdí**, también **me asocié mal**, también **toqué fondo**. **Dejé el alcohol**, me paré de nuevo, me certifiqué, leí, estudié y levanté mi nombre.

Kano Electric no nació de la suerte: nació de **decisiones** diarias, de **oración**, de **orden**, de **entrega** y de **amor** por lo que hago.

Mírame bien en estas líneas y escúchame en tu interior: **no eres tú cheque de hoy, eres tú disciplina de mañana, no eres tú deuda, eres tú plan para saldarla, no eres tú tropiezo, eres tú capacidad de levantarte.**

Valórate. **Sube tus estándares**. Elige bien a tu pareja y a tus socios. **Cuida tu nombre** como el activo más caro. **Pon a Dios primero** y trabaja como si todo dependiera de ti.

Y cuando llegue ese momento en que abras tu primer **gran cheque**, vas a sonreír con lágrimas en los ojos y vas a decir: **"La pobreza me soltó la espalda… porque yo aprendí a sostenerme."**

Hoy empieza tu próximo capítulo. No mañana. **Hoy.** Sal, aprende, sirve, cobra justo y deja huella. **Porque la riqueza no viene a los que sueñan: viene a los que deciden y actúan.**

Kano Electric LLC.

Kano Electric LLC.
2024

7

LA DIVERSIFICACIÓN: EL SECRETO DEL LEGADO

Empezar de cero no fue un castigo, fue una bendición disfrazada de tormenta. Después de aquella caída por confiar en quien no debía, volví a renacer.

Esta vez no como trabajador, sino como constructor de sueños. Y lo digo en el sentido más literal. Con *Kano Electric* ya establecida, decidí que no solo quería instalar cables y sistemas eléctricos: quería levantar casas completas, desde el cimiento hasta la última teja, con mis diseños, mi marca, mi historia y mi sudor.

Fue entonces cuando comprendí que la verdadera riqueza no se mide en lo que acumulas, sino en lo que eres capaz de construir y diversificar.

Mientras muchos siguen atados al miedo de arriesgar, yo descubrí que el dinero, si no se mueve, se muere. Esa convicción me llevó a abrir una mueblería en México para apoyar a mi gente, una disquera para dar voz al talento joven, y hasta una estación de radio para inspirar con mi historia a quienes pensaban que no tenían voz.

También invertí en bienes raíces, construyendo casas no solo para vender y rentar, sino también para heredar a mis hijos.

Y aunque un restaurante en plena pandemia me costó medio millón de dólares, entendí que no había perdido: había invertido en experiencia. Porque perder dinero es duro, pero perder la fe es lo único que realmente te destruye.

En medio de todo este crecimiento, nunca olvidé el verdadero propósito: mi familia. Yo no quería que mis hijos heredaran solo dinero, sino hambre, visión, respeto y fe.

Mi hijo mayor, Luis Eduardo, decidió seguir su pasión por la música y hoy tiene su propio grupo. Mi otro hijo estudia ingeniería y arquitectura, y lo motivo a poner siempre a Dios al centro de sus proyectos.

Y mi hija, con apenas 16 años, ya es empresaria de repostería, con un negocio que crece día a día. Nunca les impuse un camino, pero siempre les mostré con ejemplo que el trabajo honesto es la base de toda bendición. Jamás necesité golpearlos, porque entendí que lo que realmente forma carácter en un hijo no son los castigos, sino el ejemplo.

Hoy me levanto cada mañana a las 5 am. Corro, desayuno con mi esposa, organizo mis equipos y sigo aprendiendo.

Leo libros, escucho podcasts, y me rodeo de personas que me superan en algún área, porque no busco ser el más rico en la mesa, sino el más hambriento de crecer.

Me reúno con amigos inmigrantes que llegaron desde El Salvador, Guatemala y México, hombres y mujeres que un día sufrieron hambre, guerra y abuso, pero hoy son ejemplos de éxito. Ellos también me recuerdan que la riqueza no es casualidad, es consecuencia.

Lo aprendí en carne propia: el dinero sin propósito es vacío, pero cuando tu riqueza tiene nombre y misión, se convierte en legado. Y mi legado se llama familia, trabajo y fe.

El verdadero éxito no radica en cuánto dinero tienes, sino en cuántas vidas impactas con lo que construyes. El dinero es solo un vehículo: lo importante es el destino al que te lleva.

No temas empezar de nuevo, no temas perder, porque lo único verdaderamente imperdonable es dejar de intentarlo. Mientras tengas fe, disciplina y propósito, la vida siempre te dará otra oportunidad de levantarte y crecer.

"No pongas todos los huevos en una sola canasta." – Andrew Carnegie

EJERCICIOS

1. **Diversifica tu visión**: escribe en una hoja al menos tres áreas donde podrías invertir o emprender, más allá de lo que haces hoy.
2. **Define tu propósito**: responde con sinceridad: ¿para qué quieres dinero? ¿solo para ti, o para dejar huella?
3. **Disciplina diaria**: establece una rutina que te acerque a la productividad (levantarte más temprano, leer, formarte, rodearte de gente que inspire).

Quiero que me escuches con atención, porque no te hablo desde la teoría ni desde un libro de universidad: te hablo desde la vida real, desde las manos que un día no tuvieron nada y hoy sostienen empresas, casas, inversiones y una familia orgullosa.

Yo soy prueba de que no importa dónde naces, ni cuánto dinero tienes en el bolsillo, lo que importa es la fe con la que caminas y la disciplina con la que trabajas.

Yo vine de abajo, con las mismas dudas y miedos que tú tienes hoy. Toqué puertas que se cerraron en mi cara, perdí dinero, me caí en negocios que parecían imposibles, lloré por traiciones y me levanté con más fuerza de la que pensé tener. Y aquí estoy, hablándote no como alguien perfecto, sino como alguien que decidió no rendirse.

Mira mi historia: desde cargar herramientas en una compañía eléctrica hasta fundar mi propia empresa, diversificar en radio, música, bienes raíces y restaurantes.

Desde ser un joven que solo sabía trabajar con las manos hasta convertirme en un empresario que hoy diseña, construye y hereda un legado a sus hijos. Nada me lo regalaron. Todo lo que tengo nació del sudor, de la fe en Dios y de no aceptar un "no" como respuesta.

Por eso quiero desafiarte: si estás cansado de vivir con miedo, de mirar cómo otros avanzan mientras tú te quedas quieto, este es el momento de dar un paso al frente.

No esperes a que llegue la oportunidad perfecta, créala tú. No sueñes con tener una vida distinta, trabaja todos los días para construirla. Si yo empecé sin nada y hoy tengo empresas que sostienen a decenas de familias, ¿qué excusa te queda a ti?

Te voy a hablar con crudeza: nadie vendrá a rescatarte, nadie te pondrá el éxito en bandeja. La diferencia entre el que se queda en la mediocridad y el que alcanza la cima está en la decisión de no rendirse.

El fracaso no es el final, es el camino que te enseña dónde fortalecer tu carácter. Yo perdí medio millón en un restaurante y, en lugar de rendirme, me levanté más fuerte, aprendí, y seguí creciendo.

Tú puedes hacerlo. No importa si hoy estás quebrado, endeudado, cansado o perdido. Lo único que no puedes perder es la fe y la decisión de seguir adelante. Porque cuando construyes con propósito, el dinero se multiplica y tu nombre se convierte en legado.

Hoy quiero retarte: no vivas solo para pagar cuentas, no te conformes con sobrevivir. Vive para dejar huella.

Vive para que tus hijos y tus nietos digan con orgullo: *"si él pudo, yo también puedo"*. Mi vida es la evidencia de que los sueños se alcanzan con trabajo, disciplina y fe. No te lo cuento para presumir, te lo cuento para inspirarte.

Levántate temprano, trabaja con pasión, rodéate de personas que te reten, invierte en tu mente, y nunca, nunca olvides poner a Dios en el centro. Si haces eso, te aseguro que llegará el día en que voltees atrás y digas: *"todo valió la pena"*.

La decisión está en tus manos. Yo ya la tomé hace años y hoy cosecho los frutos. La pregunta es: ¿te atreves tú a escribir tu propia historia de éxito?

8

DE ESCLAVO DEL SISTEMA A ARQUITECTO DE MI LIBERTAD

El sistema en el que vivimos no está diseñado para que progreses, sino para que sobrevivas. Te quiere cansado, endeudado, adormecido, resignado a cobrar un cheque quincenal que apenas alcanza para lo básico, esperando con ansias el viernes y temiendo cada lunes, como un hámster atrapado en una rueda que nunca se detiene.

Sin embargo, yo siempre creí que todo era posible. Si Elon Musk, un ser humano como tú y como yo, pudo conquistar el espacio, ¿por qué no habríamos de lograrlo también nosotros? Si Jeff Bezos levantó un imperio desde cero, ¿qué nos impide a ti y a mí romper las cadenas y avanzar hacia lo extraordinario? Ellos lo lograron, y no porque fuera fácil, sino porque nunca aceptaron los límites que el sistema les imponía. Y si ellos pudieron, nosotros también.

Yo estuve atrapado en esa rueda. Tenía deudas, frustraciones, un negocio en pie pero un corazón vacío. Me refugiaba en el alcohol para silenciar mi mente. Después de la traición de un socio y el colapso de mi primer gran intento empresarial, me encontré con más de un millón de dólares en deudas.

Estaba hundido en la oscuridad: bebía cada día, me aislaba, vivía enojado y perdido. La depresión me abrazaba en silencio.

Y aunque nunca caí en las drogas, el alcohol casi me destruye. Creía que con una cerveza podía calmar mis tormentas, pero era solo un espejismo que me hundía más.

Sin embargo, aun en ese valle, Dios no me soltó. En medio de la tormenta, escuché en mi corazón una verdad que me devolvió la vida: "Si llegaste aquí sin nada, puedes volver a empezar… pero ahora con todo lo que sabes".

A partir de ahí decidí convertirme en arquitecto de mi propia libertad. Obtuve mi licencia de Master Electricista. Aprendí contabilidad, contratos, marketing, manejo de empleados e inversiones.

Descubrí que el secreto no estaba en cuánto trabajaba, sino en cómo pensaba. Mis empleados a veces creen que me hago rico a sus costillas, pero desconocen el peso que cargo: ellos cumplen horarios, yo tengo responsabilidad las 24 horas; ellos cobran cada viernes, yo me pago cuando todo lo demás está cubierto; ellos pueden renunciar si se cansan, yo no tengo esa opción.

Y, aun así, los trato como familia, los cuido, los enseño, porque sé que si ellos crecen, yo crezco con ellos. El sistema quiere que seas obediente. Tú debes decidir: ¿quieres ser esclavo… o dueño de tu destino?

Algunos piensan que la riqueza es cuestión de suerte. Yo digo que es cuestión de visión, disciplina y fe, pero también de dolor, de errores y de batallas internas.

El que nunca ha tenido que contar monedas para comprar gas, o pedir prestado para poder comer, no sabe lo que es valorar de verdad un billete. Yo lo viví. Y ese dolor me forjó.

Recuerdo como si fuera ayer un accidente que marcó mi vida. Apenas un mes después de haber llegado a Estados Unidos, me invitaron a Austin. Íbamos en carro cuando, de repente, todo cambió en un instante: un choque brutal.

El vehículo quedó destrozado, los conductores se los llevó la policía y yo… salí ileso, sin un solo rasguño. Me persigné, sentí paz y una voz en mi interior me dijo: "Todavía no te toca. Tienes mucho que hacer aquí".

Ese accidente fue un recordatorio de que Dios tenía para mí un propósito mayor, y mientras no lo cumpliera, no me dejaría caer.

Con el tiempo comprendí que no basta con trabajar duro, hay que pensar diferente. Muchos creen que laborar 12 o 14 horas al día es la clave del éxito, pero la verdad es otra: si no aprendes a mover el dinero incluso mientras duermes, nunca serás verdaderamente libre.

Yo mismo he invertido en bienes raíces, criptomonedas y diferentes plataformas. No hago trading diario porque no me queda tiempo, pero sí compro y vendo a largo plazo.

Hoy existen miles de oportunidades para hombres y mujeres, pero la primera inversión siempre está en tu mente y en tu corazón.

Fue a golpes y caídas que entendí cómo piensan los verdaderamente ricos: no gastan, invierten; no presumen, producen; no compran para aparentar, compran para multiplicar.

EJERCICIOS

1. Diversifica: nunca pongas todo tu dinero en un solo lugar.
2. Aprende de tus errores: cada caída es una universidad.
3. El dinero no cambia a las personas, solo las revela.
4. Rodéate de gente mejor que tú: si eres el más sabio de la mesa, estás en la mesa equivocada.
5. Ahorra como si fueras pobre. Invierte como si fueras millonario.

Y descubrí otro secreto: el poder de la rutina. Cada día me levanto a las cinco de la mañana. Corro, organizo mis negocios, desayuno con mi esposa, contemplo el sol y le doy gracias a Dios.

Porque la disciplina le gana al talento cuando el talento se duerme. Y porque el que pretende ser millonario sin levantarse temprano… ya empezó perdiendo.

"Ser rico no es tener dinero, es tener control sobre tu mente, tu tiempo y tu propósito."

No importa cuántas veces hayas caído ni cuán profundo haya sido tu dolor; si te atreves a cambiar tu mentalidad, el sistema deja de ser tu prisión y se convierte en tu trampolín.

Los verdaderos millonarios se hacen en el campo de batalla de la vida, donde el dolor se transforma en visión y la disciplina en libertad.

Hoy quiero retarte a ti: escribe tres formas en las que el sistema te ha tenido atrapado, y al lado, anota cómo vas a romper esas cadenas.

No lo pienses en abstracto: pon fechas, acciones, compromisos. Haz de tu rutina un motor, no una cárcel. Recuerda: si otros ya lo lograron, tú también puedes.

Hoy puedo decirte, con la frente en alto y el corazón agradecido, que no nací con privilegios, que no heredé fortunas ni tuve atajos.

Vine desde abajo, con las manos vacías pero con un corazón lleno de fe, y desde allí construí paso a paso todo lo que ahora tengo. Caí, fui traicionado, perdí dinero, me vi hundido en deudas, conocí la soledad y el dolor… pero nunca permití que nada de eso me definiera.

Si hoy me ves prosperar, no es por suerte ni porque alguien me regalara oportunidades: es porque decidí no rendirme, porque cada golpe de la vida lo transformé en una lección, y cada caída en un peldaño hacia mi futuro.

Mírame bien: yo soy la prueba viviente de que se puede empezar desde cero y levantar un imperio con tus propias manos.

No te hablo desde la teoría, sino desde la práctica. Construí una empresa sólida, diversifiqué en negocios, invertí, aprendí a multiplicar mis recursos, y hoy no solo sostengo a mi familia, sino que les heredé visión, propósito y pasión. Si yo lo logré, tú también puedes lograrlo.

No importa cuántas veces hayas fracasado, cuántas personas te hayan dado la espalda, ni cuántas veces el sistema te haya hecho sentir insignificante. Lo único que importa es lo que decides hacer a partir de hoy.

Pregúntate: ¿quieres seguir siendo un esclavo del sistema, viviendo para pagar cuentas, o quieres levantarte y ser dueño de tu historia? Porque la vida no se trata de esperar milagros: se trata de levantarse, trabajar, aprender, creer y nunca soltar la fe.

Quiero retarte directamente: rompe con la excusa del "no puedo". Esa frase debe morir en tu vocabulario. Yo salí de la nada, enfrenté deudas millonarias, me levanté después de perder medio millón en plena pandemia, y aun así seguí avanzando. ¿Cuál es tu excusa? Si yo pude, tú también puedes.

El mundo está lleno de gente que sueña… pero son pocos los que actúan. Tú decides de qué lado estarás. No basta con admirar a Elon Musk o Jeff Bezos; no basta con inspirarte en historias como la mía.

Lo que importa es que uses esas historias como combustible para escribir la tuya propia. Porque lo que yo logré no es un punto final, es una invitación.

Hoy quiero que me veas no como alguien inalcanzable, sino como tu espejo. Lo que hice yo, lo puedes hacer tú. El mismo Dios que me levantó, puede levantarte a ti.

El mismo fuego que me impulsó, puede arder en tu corazón. Y el mismo sistema que me quiso esclavizar, ahora es el terreno donde camino libre porque me atreví a desafiarlo.

Levántate. Empieza ahora. No mañana, no el próximo lunes, no cuando “las cosas se acomoden”. Empieza con lo que tienes, con lo que sabes, con lo que eres. Porque el momento perfecto nunca llegará: el momento perfecto es hoy.

9

TU HISTORIA NO TE DETIENE, TE FORJA

¿Sabes qué tenían en común todas las personas que admiraba cuando era niño? Ninguna nació rica. Todos empezaron con nada… excepto con miedo. Yo también nací pobre, pero descubrí que tu destino se decide con la gente que te rodea y con lo que haces cada día.

Casi a diario me reúno a comer con amigos de El Salvador y Guatemala; sus historias son más duras que las mías. Uno de ellos —sin saber leer ni escribir, hijo no reconocido, con muchos medios hermanos— se abrió paso a golpes de vida. Hoy, con 50 años y tras sobrevivir a un infarto, tiene una compañía próspera.

Varias veces me ha hecho llorar con sus testimonios. Por eso lo digo en voz alta y lo cumplire: **voy a escribir un libro sobre su historia** y se llamará ***Chulízate***. Porque su vida —como la de muchos— puede inspirar a miles a levantarse. Todos mis amigos tienen pasados durísimos… y todos han construido **fortunas inmensas**. Eso confirma algo: **no empieza con dinero; empieza con decisión**.

Yo mismo levanté mi primer imperio **sin licencia, sin papeles, sin herramientas, sin padrinos y sin inglés**. Solo con ganas y la fe clavada como raíz. Desde ahí, entendí que el miedo no se discute: **se atraviesa**.

"No necesitas ser millonario para empezar… pero tienes que empezar para ser millonario."

Paso 1: Enfrenta el miedo con acción
El miedo siempre está: a fracasar, a perder dinero, al "qué dirán". Lo vencí caminando hacia él. La primera vez que pedí trabajo como subcontratista me exigieron acta de nacimiento, seguro de responsabilidad, pruebas…

No tenía nada de eso. Respondí: "Sí, lo tengo". ¿Mentí? No: **me comprometí**. Y lo conseguí. Me asignaron una casa para el *trim out.* Sin GPS, con mapas viejos, me perdía y a veces llegaba al mediodía. Pero cuando llegaba, **la sacaba** como si me fuera la vida en ello.

Paso 2: Cobra lo que vales (aunque cueste creerlo)
Un contratista me pagó en efectivo más de **3,000 dólares** en un sobre. Creí que se había equivocado y se lo devolví.

—"¿Quieres que te pague más o menos?", me dijo serio. "**Eso vales. Si haces más, te pago más**".Yo estaba acostumbrado a pedir permiso para cobrar.

Ese día entendí: **no cobras por lo que hacen tus manos, sino por lo que aprendiste con los golpes**.

Paso 3: Fracasa sin rendirte
Abrí un restaurante en plena pandemia y **perdí más de medio millón**. Me dolió, claro. ¿Me rendí? **Jamás**. Aprendí sobre tiempos, riesgos y enfoque. También fracasé con un socio que me dejó en ceros; fracasé por confiar de más, por no saber cobrar, por no saber decir "no". Pero **nunca fracasé en mi fe**.

Paso 4: Aprende, crece, delega y lidera
Cuando mi nombre empezó a pesar, dejé de hacerlo todo solo. **Delegué, organicé equipos, diversifiqué**: construcción, radio, disquera, renta de propiedades. Me propuse ser **el jefe que**

yo nunca tuve: no un patrón tirano, sino un líder que enseña, paga bien y empuja a superarse. **Si crezco solo, es ego; si crecemos todos, es imperio.**

Paso 5: Hazlo con el corazón o no lo hagas

Hoy no trabajo por necesidad; trabajo por **propósito**. Quiero que mis hijos aprendan a ganarse la vida con **manos limpias** y **mente despierta**. Sueño con que alguien diga: "Ese hombre me inspiró a salir del hoyo; ese libro me cambió la vida; **si él pudo, yo también**". Por eso también voy a escribir ***Chulízate***: porque las historias reales levantan más que cualquier discurso.

Lloré por hambre, por soledad, por traición. Y también lloré cuando llegó el dinero y sentí el vacío por dentro: **el dinero no te cambia, te revela**. Dudé de Dios. Le pregunté "¿por qué a mí?".

Él no me gritó: **me susurró** con señales —un cheque inesperado, un cliente que confía, un trabajador agradecido, un abrazo de mis hijos, el sol de las 6 a. m. diciendo: "Sigue" —. Cuando llegaron los lujos y los falsos amigos, aprendí otra verdad: **perderte en el éxito es facilísimo**.

"El éxito no es para el que sabe trabajar… es para el que sabe mantenerse firme cuando todos lo quieren ver caer." Perderte en el éxito es fácil.

Es más cómodo creerte superior, gastar sin sentido, presumir para callar bocas.

Pero eso no es riqueza… eso es vacío con envoltura dorada. Lo que te salva no son los dólares, es el **propósito**: ver a mis padres en la casa que les construí, a mis hijos con valores y a mi esposa —la misma que me mandaba lonche cuando no tenía ni gasolina— a mi lado en las buenas y en las malas.

MI ANCLA ES UNA RUTINA SIMPLE Y PODEROSA:

1. Levantarme a las 5 a. m.
2. Correr o caminar con mi esposa.
3. Desayunar juntos.
4. Revisar obras y organizar equipos.
5. Escuchar, leer, pensar y **agradecer**.

> Y cuando toca llorar, lloro. **No soy de hierro**: soy hijo, esposo, padre y soldado en una guerra interna que pocos ven. **El éxito no se mide en dólares: se mide en paz**.

El miedo, el fracaso y las lágrimas no fueron cadenas: fueron **mi forja**. Cada golpe me enseñó a elegir mejor; cada caída, a pensar como estratega; cada vacío, a anclarme en Dios.

Si levanté mi primer imperio sin papeles ni inglés, tú también puedes levantar el tuyo con lo que tienes hoy. Y así como voy a escribir ***Chulízate*** para honrar a un amigo que venció sin saber leer ni escribir, te digo: **tu historia también merece un libro**. Porque la riqueza verdadera no es lo que acumulas, sino lo que **inspiras**.

EJERCICIOS

1. **Declara tu proyecto imposible:** escríbelo con nombre propio (como *Chulízate*). Fecha de inicio y primer hito en 7 días.
2. **Mapa del miedo → acción:** lista tres miedos actuales y define una acción concreta para cada uno **esta semana**.
3. **Tarifa de valor:** escribe cuánto cobras hoy y cuánto **deberías** cobrar por

excelencia (+20–40%). Ajusta en tu próximo presupuesto.

4. **Mentoría de vida real:** reúne a 2–3 personas con historias más duras que la tuya; invítalas a café y toma **notas accionables**.
5. **Rutina de paz y foco (30 días):** despierta 5 a. m., movimiento, gratitud, revisión de metas, una acción de crecimiento por día.

Hoy mírame como **prueba viviente** de que **sí se puede**: empecé desde cero, sin papeles ni inglés, perdí medio millón, me traicionaron, lloré en silencio, dudé de Dios... y aun así **me levanté**.

Construí empresas, diversifiqué, hice hogar para mis padres, eduqué a mis hijos en valores y mantuve a mi esposa como mi mejor socia en la vida. No soy distinto a ti: soy tan humano como tú. La diferencia es que **decidí** no rendirme.

Quiero retarte con la misma fuerza con la que me reto cada mañana: **elige tu mesa**. Si eres el más sabio, estás en la mesa equivocada. **Cobra lo que vales. Di no** cuando debas. **Fracasa y sigue. Escribe el título de tu historia** y empieza a vivirla en capítulos: el mío hoy se llama *EL PUNTO PARA SER RICO.*

No esperes el permiso del mundo. **Dátelo tú.** Empieza con lo que tengas: una herramienta, una idea, un cliente, un cuaderno. Si hoy te tiemblan las piernas, camina igual; si hoy te faltan recursos, **piensa mejor**; si hoy te faltan aplausos, **aplaude tú primero** y actúa.

Porque el miedo no desaparece: se **educa** con acción. Y la riqueza no es un destino mágico: es un **camino** de disciplina, fe y propósito.

Un día —te lo prometo— mirarás atrás y entenderás que **cada lágrima fue semilla**. Ese día, cuando alguien te pregunte cómo lo lograste, responderás sin arrogancia: "**Así como él, empecé sin nada… y lo construí todo**". Entonces habrás ganado más que dinero: habrás ganado **paz, legado y nombre**.

Hoy empieza tu capítulo. **Hazlo con el corazón o no lo hagas.**

10

EL LEGADO QUE TRASCIENDE

Dicen que uno muere dos veces: la primera, cuando el corazón se detiene; la segunda, cuando tu nombre se olvida. Yo tomé la decisión de que mi nombre —José Luis Cano Briones— no se extinga con mi último aliento, sino que resuene más allá de mi partida.

No lo hago por fama ni por reconocimiento, tampoco porque anhele monumentos ni homenajes vacíos. Lo hago porque deseo que mis hijos, mis nietos y todo aquel que escuche mi historia sepan, con certeza, que sí se puede: que desde la pobreza, la adversidad y las cicatrices más profundas, se puede levantar un imperio sustentado en fe, disciplina y propósito.

No existe riqueza más grande que mis hijos. Ni las casas construidas, ni las empresas levantadas, ni los negocios diversificados se comparan con la emoción de verlos volar con sus propias alas. No les heredé solamente dinero.

Les entregué visión, valores y herramientas para que edificaran sus propios sueños. Siempre les digo: *"No quiero que vivan de mi riqueza. Quiero que vivan con la suya."*

Como padre, jamás los presioné ni los obligué. No soy de los que imponen caminos. Prefiero mostrar con el ejemplo y recordarles que hagan lo que amen, porque lo que nace de la pasión, Dios lo bendice y lo multiplica.

Entendí que el legado no se mide por lo que dejas, sino por lo que siembras. He sembrado fe, esperanza y oportunidades. Jóvenes que llegaron a mí sin rumbo hoy tienen sus propias empresas; inmigrantes que creían no valer nada hoy lideran equipos y sostienen familias con dignidad. Ese es mi mayor orgullo: ver a otros florecer a partir de una semilla que un día planté.

Sí, fui un hombre imperfecto. Dudé, lloré, fracasé, me caí en el barro de la vida, pero nunca me rendí.

Todo lo que hice fue por amor: por amor a mis padres, por amor a mis hijos, por amor a mi esposa, por amor a la vida, y por amor a Dios, aunque en momentos de tormenta lo cuestionara.

Entendí que el dinero puede comprar una casa, pero solo el legado construye un hogar eterno en los corazones. Por eso, más allá de los negocios y las propiedades, quiero que el mundo recuerde que fui un hombre que luchó con dignidad, que respetó a todos por igual y que nunca dejó de soñar.

La pobreza fue mi gimnasio, el respeto mi brújula, la inversión mi libertad y el aprendizaje mi combustible. Pero el amor… el amor fue mi motor más grande.

No me interesa que el mundo me recuerde por lo que tuve, sino por la forma en que traté a los demás. Si mis hijos heredan algo de mí, que sea el coraje de nunca rendirse, el hambre de aprender cada día y la fe de que, con Dios, todo es posible.

"La verdadera inmortalidad no está en las estatuas ni en las riquezas, sino en los corazones que siguen latiendo con tu nombre."

EJERCICIOS

1. **Haz tu lista de valores**: escribe tres principios que quieras heredar a tus hijos o a quienes te rodean. No pienses en cosas materiales, piensa en virtudes.
2. **Construye tu legado hoy**: dedica una acción diaria que deje huella (enseñar, ayudar, motivar, escuchar). Recuerda que el

legado no empieza cuando mueres, sino mientras vives.

3. **Invierte en personas**: analiza a quién puedes tenderle la mano para que crezca contigo. Pregúntate: *"¿A quién puedo inspirar hoy con mi historia?"*
4. **Tu diario de gratitud**: cada noche, anota una cosa que agradeces y una enseñanza que aprendiste en el día. Así entrenarás tu mente para nunca dejar de crecer.

Hoy quiero dejarte claro algo: no soy diferente a ti. No nací con privilegios, no tuve la vida resuelta, ni crecí con todas las oportunidades servidas en la mesa.

Yo vengo del campo, del lodo, de dormir en el suelo, de vender en la calle, de ver cómo el hambre y la pobreza querían marcarme de por vida. Pero no permití que esas cadenas definieran mi destino. Y si yo pude, tú también puedes.

Mira lo que logré: levanté casas cuando apenas tenía fuerzas para cargar un bloque; construí empresas cuando apenas sabía leer balances; formé equipos cuando ni yo mismo creía que podía ser un líder; y diversifiqué en negocios que muchos pensaban imposibles para alguien que empezó desde la nada. Pero la clave no fueron los títulos ni los recursos; la clave fue no rendirme jamás, tener hambre de crecer, aprender todos los días y creer que con Dios todo se puede.

Tú estás leyendo mi historia, pero lo más importante no es mi nombre: lo importante es que tú descubras que también puedes escribir la tuya. No te conformes con vivir de migajas, no te acostumbres a la mediocridad ni te acomodes al miedo.

Atrévete a luchar por lo que arde en tu corazón. El mundo no necesita más espectadores: necesita protagonistas como tú, personas dispuestas a levantarse después de cada caída y a demostrar que los sueños se conquistan con sudor, disciplina y fe.

Yo soy testigo de que sí se puede: se puede empezar con las manos vacías y llegar a tocar el cielo con lo que construyes.

Se puede transformar el dolor en fuerza, la pobreza en escuela y el fracaso en escalera. Pero debes tomar la decisión hoy. Porque cada día que postergas, estás enterrando un poco más la grandeza que hay en ti.

Quiero que me mires no como un hombre lejano, sino como la prueba viviente de que desde abajo también se puede conquistar la cima. No me quedé llorando por lo que me faltaba, usé lo que tenía. No esperé que alguien me regalara oportunidades, las creé con mis manos. Y ese es el ejemplo que quiero dejarte: no te detengas hasta ver cumplidos tus sueños, y cuando lo logres, ayuda a otros a levantar los suyos.

Hoy te desafío a escribir tu propio legado. A que no seas recordado solo por lo que acumulaste, sino por lo que inspiraste. A que entiendas que el verdadero éxito no está en los números de tu cuenta bancaria, sino en las vidas que cambias con tu historia.

No importa si hoy estás en la bancarrota, si estás rodeado de dudas o si todos te dicen que no puedes. Yo también escuché esas voces, y aún así seguí. No busques excusas: busca razones. No esperes motivación: crea disciplina. Y no sueñes solamente: despierta, actúa y haz de tu vida un testimonio.

Que cuando hablen de ti, no digan que fuiste rico ni que tuviste negocios; que digan que fuiste alguien que nunca se rindió, que inspiró, que levantó a otros y que dejó huellas imborrables. Ese es el mayor legado.

Yo lo hice desde cero, y si yo pude, tú también puedes. Ahora es tu turno.

FAMILIA.

COLABORADORES Kano Electric LLC.

COLABORADORES Kano Electric LLC

11

NO ES SUERTE, ES HAMBRE

Si estás leyendo esto y piensas: "Pero es que tú tuviste suerte… conociste a las personas correctas… naciste con ese don…", déjame decirte algo sin rodeos: **no tuve suerte, tuve hambre**. Tuve fe, tuve el deseo ardiente de no morirme en la misma miseria en la que nací.

Yo vengo del polvo, de dormir con quinqués, de casas prestadas, de vender paletas por un peso y cargar cajas de jitomate a los diez años.

Hoy, después de tantas lágrimas y luchas, tengo empresas, casas, negocios en dos países, un nombre, un legado y paz en mi alma. ¿Sabes por qué? Porque mientras unos buscan excusas, yo construí razones. La diferencia entre el que sueña y el que lo logra se resume en una sola palabra: **disciplina**.

No fui el más listo, ni el más preparado, ni el más fuerte. Fui el más aferrado: el que se levantaba a las 5 AM, el que trabajaba cansado, el que aprendía aunque no entendiera, el que lloraba… pero no se detenía. Y si tú hoy estás en la calle, sin dinero, sin rumbo, yo te entiendo, porque también lloré de hambre, de frustración, de impotencia. Pero esas lágrimas fueron gasolina, y quiero que las tuyas también lo sean.

No me digas que no puedes porque no tienes papeles, porque yo tampoco los tenía. No me digas que no puedes porque no sabes inglés, porque yo solo sabía un 5% al llegar.

No me digas que no puedes porque nadie te ayuda, porque a mí también me cerraron puertas. La diferencia está en que yo **empecé**, aunque no sabía cómo.

El camino no se trata solo de dinero. Se trata de ser rico en fe, en valores, en experiencia, en legado. Y por eso hoy comparto contigo mis **21 reglas sagradas**, las que me sostuvieron cuando la vida me quiso tumbar, las que me levantaron cada vez que caí.

"El que yo haya salido de la pobreza no es suerte: es prueba de que tú también puedes. Yo soy testimonio vivo de que las excusas solo atan, y las razones liberan. Dios no me diseñó para sobrevivir, sino para conquistar. Y tampoco a ti. Naciste para más."

EJERCICIOS

1. Escribe en tu libreta tres excusas que has usado para no avanzar.
2. Cámbialas por tres razones que te impulsen. Ejemplo:
   - Excusa: "No tengo papeles." → Razón: "Voy a demostrar que mi talento vale más que un papel."
   - Excusa: "No sé inglés." → Razón: "Voy a aprender lo básico y usarlo como trampolín."
3. Elige una de esas razones y comprométete hoy mismo a actuar en ella.

MIS REGLAS DEL EXITO

1. Levántate temprano, aunque no tengas nada qué hacer. El mundo es de los que madrugan con propósito.
2. No trabajes por dinero, trabaja por propósito. El dinero se va, el propósito sostiene.
3. Ama a tu pareja, pero no pierdas tu camino por nadie.
4. Rodéate de personas que te reten, no que te consuman.
5. Nunca te sientas menos por no tener estudios: el hambre de aprender supera cualquier diploma.

6. No trabajes solo por pagar cuentas: trabaja por libertad y legado.
7. No tengas miedo de empezar desde cero: perderlo todo puede ser tu mejor oportunidad.
8. Haz ejercicio: tu cuerpo es el vehículo de tu propósito.
9. Ora, agradece y conéctate con Dios: la fe es tu ancla.
10. Lee todos los días: un libro es una vida prestada.
11. No vivas para aparentar, vive para impactar.
12. Si caes, levántate rápido.
13. Aprende a decir "no": tu tiempo es sagrado.
14. Invierte, aunque sea poco: el que siembra poco, cosecha poco.
15. Viaja, aunque sea en tu propio barrio, con ojos nuevos.
16. Cuida tu palabra: el dinero abre puertas, tu palabra las mantiene abiertas.
17. Haz las cosas bien aunque nadie te vea.
18. Enseña lo que sabes: el conocimiento compartido se multiplica.
19. Haz negocios, pero nunca pierdas tu esencia.

20. Recuerda siempre de dónde vienes: tu origen es tu brújula.
21. Declara todos los días: *"Yo nací para más."*

Quiero hablarte con el corazón en la mano. Yo no soy un superhéroe, ni un genio, ni alguien que nació con privilegios. Soy un hombre que salió del polvo, que trabajó con hambre, que lloró de frustración y que se levantó una y otra vez aunque la vida me quisiera enterrar.

Hoy, cuando miro hacia atrás, no veo un camino de suerte. Veo un camino de disciplina, de fe y de coraje.

Veo a un niño que vendía paletas por un peso y que cargaba jitomates en el campo, y veo a ese mismo niño convertido en empresario, en padre, en maestro, en líder. No porque alguien le regalara nada, sino porque se negó a aceptar que la miseria sería su destino.

Tú que lees estas páginas, entiende algo: **no hay excusa que pueda justificar tu rendición**. No importa si no tienes papeles, si no hablas inglés, si te faltan estudios, si hoy no tienes un peso en la bolsa. Yo también estuve ahí.

Yo también lloré de hambre, de cansancio, de sentirme perdido. Y si yo pude salir de ese hoyo, tú también puedes.

Pero escucha bien: nadie te va a rescatar. Nadie vendrá a darte la mano si tú no estás dispuesto a dar el primer paso.

El éxito no se compra, se construye. La riqueza no nace en una cuenta bancaria, nace en tu mente y en tu corazón.

Por eso quiero retarte hoy:

- Que dejes de hablar de lo que sueñas, y empieces a caminar hacia ello.
- Que no vivas como víctima del sistema, sino como arquitecto de tu libertad.
- Que uses tus lágrimas como gasolina, tus fracasos como universidad, y tu fe como motor.
- Que te rodees de personas que sumen, no que resten.
- Que declares con tu vida que naciste para más.

Yo soy José Luis Cano Briones, y mi historia no es para presumir, sino para demostrarte que **sí se puede**.

Que un inmigrante sin inglés, sin papeles, sin dinero, puede levantar un imperio. Que un hombre que tocó fondo en la bebida puede levantarse y crear empresas que den trabajo a cientos. Que alguien como yo, que empezó desde cero, puede convertirse en inspiración para muchos.

Así que mírame bien, lector. Si yo pude, tú también puedes. No mañana, no cuando tengas todo perfecto, no cuando la suerte toque tu puerta. **Hoy. Ahora. Con lo que tienes. Con lo que eres.**

Porque la verdadera riqueza no está en lo que acumulas, sino en lo que construyes con disciplina, en lo que inspiras con tu ejemplo y en lo que dejas como legado en las vidas de los demás.

Levántate. Haz lo que tengas que hacer. Empieza aunque tiemble tu voz.

Sigue aunque te duela. Avanza aunque no veas el camino completo. Y nunca, nunca, nunca te rindas.

"El mundo no necesita más excusas. Necesita más historias como la tuya, de alguien que se negó a morir pobre, y eligió vivir rico en propósito, en fe y en legado."

12

TU HISTORIA APENAS COMIENZA

Hola, sí, tú. El que tiene este libro en las manos. No sé quién eres ni en qué etapa de tu vida te encuentras, pero si llegaste hasta estas páginas finales no es una casualidad: es un llamado.

Quizá estés en medio de una batalla, tal vez cansado, confundido, atrapado en un trabajo que odias, en una casa que no sientes tuya, en un país que te rechaza, o en una vida que nunca soñaste. Y quizá, como yo tantas veces, también has llorado.

Déjame decirte algo que la mayoría calla: **estás hecho para más**. No importa si naciste pobre, si nadie te enseñó, si tropezaste, si te abandonaron o si caíste tantas veces que ya no sabes cómo levantarte. Tú puedes volver a empezar, porque dentro de ti hay fuerza, fe y propósito esperando despertar.

Yo vengo de un rancho escondido en los cerros, sin luz, sin lujos, sin nada. Y hoy tengo una vida que ni en mis sueños más grandes hubiera imaginado. ¿La clave? Nunca rendirse, no conformarse, no permitir que nadie determine lo que puedes lograr y mantener a Dios en el corazón, incluso en los días en que lo cuestioné.

Este libro no lo escribí para presumir; lo escribí para entregarte una linterna. Una luz que te guíe cuando todo esté oscuro. Una voz cuando nadie crea en ti. Una prueba viviente de que **sí se puede**. Porque si yo lo logré, tú también puedes. No eres menos. No estás solo. Y créeme, Dios no ha terminado contigo.

"He llorado de hambre, de soledad, de traición, y también he llorado de alegría y de gratitud. Mi vida no ha sido fácil, pero cada caída me entrenó, cada golpe me hizo fuerte, cada lágrima se convirtió en gasolina.

No soy escritor de profesión, soy un hombre que luchó desde el polvo, que cayó mil veces y que mil veces se levantó.

Y si estas palabras hoy tocan tu corazón, no es por mí: es por Dios, que me permitió ser un testimonio vivo de que con fe, disciplina y amor se cambian destinos."

"No estás leyendo esto por accidente. Estás aquí porque Dios te está recordando que tu historia… apenas comienza."

EJERCICIOS

1. Escribe tu historia en tres párrafos: tu origen, tu presente y tu futuro soñado.
2. Anota tres batallas que enfrentas hoy y escribe qué pasos pequeños puedes dar esta misma semana para afrontarlas.
3. Haz una lista de las cinco cosas por las que estás agradecido hoy, aunque parezcan mínimas.
4. Cada mañana repite esta declaración: *"Mi historia apenas comienza. Nací para más."*

Quiero agradecerte de corazón por haber llegado hasta aquí, por regalarme tu tiempo, por escuchar mi historia y dejarme entrar en tu vida aunque sea un instante.

Hoy quiero hablarte de luchador a luchador: **tu vida no termina donde estás, apenas comienza.**

No cierres este libro como si fueran solo páginas llenas de letras. Ciérralo como un pacto contigo mismo.

Decide hoy que no vas a rendirte, que no vivirás como víctima, que no dejarás que el miedo te robe tu grandeza.

Decide que a partir de ahora caminarás con propósito, con disciplina y con fe.

Yo soy prueba de que desde la nada se puede levantar todo. No nací con privilegios ni con suerte, nací con hambre, con fe y con una determinación que se alimentó de cada caída.

Y hoy puedo decirte con certeza: si yo pude, tú también puedes. No mañana, no algún día, sino **hoy**.

Que tu historia no se quede en tu mente. Cuéntala, escríbela, vívela. Porque tu testimonio es semilla que puede despertar a otros.

El mundo no necesita más apariencias; necesita más guerreros que inspiren con la verdad. Y tú puedes ser uno de ellos.

Desde lo más profundo de mi alma, te bendigo. Que Dios Padre ilumine tus pasos, fortalezca tu espíritu y te dé la claridad para no rendirte jamás.

Tú puedes escribir tu historia, ser grande, ser rico… pero rico con alma: con valores, con fe y con un propósito eterno.

No olvides esto: **la pobreza no te define, los fracasos no te detienen, y Dios no ha terminado contigo.**

Hoy te reto a levantarte, a luchar por tus sueños, a creer en ti con la misma certeza con la que

Dios ya cree en ti. No vivas un día más como espectador.

Toma tu lugar como protagonista de tu historia y sal a conquistar lo que te pertenece.

Porque si yo, José Luis Cano Briones, salí del polvo y construí una vida de propósito, tú también puedes hacerlo. **Tu historia apenas comienza… y será grande.**

Atentamente,
José Luis Cano Briones

EPÍLOGO

No importa de dónde vengas ni en qué momento de tu vida te encuentres: **tú también puedes escribir una historia grande**.

Este libro no nació para llenar estantes ni para adornar bibliotecas; nació para ser una voz en medio del silencio de tus dudas, una linterna en las noches más oscuras y una prueba viviente de que no existen imposibles cuando caminas con disciplina, fe y visión.

Yo ya conté mi historia. Ya te hablé de mis derrotas y de mis victorias, de las lágrimas que se volvieron gasolina y de los fracasos que se transformaron en lecciones. Pero ahora ya no se trata de mí... se trata de ti.

¿Qué vas a hacer con tu vida después de cerrar estas páginas?

¿Vas a seguir acumulando excusas o vas a empezar a acumular razones?

¿Vas a vivir como espectador o te vas a atrever a ser protagonista de tu destino?

Hoy tienes dos opciones:

- Guardar este libro en un cajón y olvidarlo.
- O usarlo como un manual de batalla, como un recordatorio constante de que la grandeza ya habita dentro de ti.

El dinero, los negocios, las casas, las empresas… todo eso puede perderse. Pero lo que nunca nadie te podrá quitar es tu **carácter**, tu **fe** y tu **determinación**. Esas son las herramientas que te harán rico de verdad.

Te dejo con este desafío: **escribe tu propia historia**. No permitas que el miedo, la pobreza, la falta de papeles, el idioma o las circunstancias te definan.

Declara cada mañana que naciste para más. Trabaja con pasión, agradece en todo momento, rodéate de los correctos y jamás sueltes la mano de Dios.

Mi vida es prueba de que se puede. La tuya será prueba de que los milagros continúan.

Y recuerda siempre:

"Tu historia apenas comienza… y el mejor capítulo todavía está por escribirse."

Con gratitud y con fe,
José Luis Cano Briones

www.ingramcontent.com/pod-product-compliance
Lightning Source LLC
LaVergne TN
LVHW022231200926
848481LV00006B/2221
9798900706450